Danse (La) des
sables

YTh
4439

LA
DANSE DES TABLES

POCHADE EN UN ACTE,

PAR M. H. LEFEBVRE.

REPRÉSENTÉE POUR LA PREMIÈRE FOIS SUR LE THÉATRE DES CÉLESTINS
A LYON, LE 21 MAI 1853.

DISTRIBUTION DE LA PIÈCE.

Personnages.	Acteurs.
M. LABAUME,	M. GRASSOT.
Mlle EUPHÉMIE LABAUME,	Mme DESROCHERS.
ANTÉNOR, commis-voyageur,	MM. VERNIER.
EDMOND,	MICHAUX.
CÉLESTINE, fille de Labaume,	Mlle JOSÉPHINE.
BERLINGUETTE,	Mme BUYCET.
POTET,	M. LUREAU.
INVITÉS.	

La scène est dans une petite ville.

QUATUOR COMPLET, prix 6 fr..—S'adresser à M. CUERBLANC, chef d'orchestre au théâtre des Célestins.

Merci à tous mes camarades qui m'ont prouvé une fois de plus que leur talent égale leur dévouement et leur zèle! Merci à GRASSOT qui a bien voulu accepter un rôle dans cette bluette et à qui revient une large part du succès!

H. LEFEBVRE.

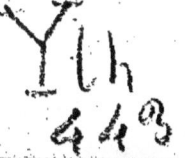

LA DANSE DES TABLES

POCHADE EN UN ACTE,

PAR M. H. LEFEBVRE.

Un salon simple. — Porte au fond ouvrant sur un parc. — Côté jardin, un paravent entourant une table et cachant une porte. — Côté cour, une porte au second plan (chambre de Labaume). Une porte au premier plan (chambre d'Euphémie et de Célestine).

SCÈNE I.

POTET, BERLINGUETTE.

POTET, *assis devant une table entourée du paravent, les mains appuyées sur un chapeau.*

Il tournera... Il ne tournera pas... ça commence à m'embêter tout de même !

BERLINGUETTE, *frottant un guéridon à droite.*

Allons donc... faignant... Je te conseille de te plaindre,.. v'là-t-il pas un métier bien fatiguant,.. de rester là comme un sans-cœur à ne rien faire pendant des heures entières... les mains appuyées sur un chapeau... ah !

POTET, *tranquillement.*

Berlinguette... ne t'emporte pas, ma fille... je te réponds que c'est beaucoup plus fatiguant qu'il n'est loisible de supposer... et l'embêtement... ah ! ah ! (*Il bâille*), tu comptes donc pour rien l'embêtement !...

BERLINGUETTE.

Mais à quoi que ça avance ce que tu fais là ?

POTET.

Berlinguette, je l'ignore... mais Monsieur m'a commandé de le faire, et, en domestique fidèle, j'obtempère à ses vœux, qui, du reste, sont des ordres pour moi...

BERLINGUETTE.

C'est comme moi !... ne voulait-il pas, hier, me faire rester les mains collées sur c'te table, sous prétexte de la faire tourner ? .

POTET.

Comme moi sur ce chapeau, c'est dans le même but... (*Il bâille*). Ça m'agace... allons, allons, ça m'agace.

BERLINGUETTE.

Mais, allons donc, que je lui ai dit... si vous voulez tourner c'te table... c'est pas comm' ça... c'est comm' ça qu'il faut mettre vos mains...

POTET.

Que veux-tu... aujourd'hui tout est changé dans la nature... on n'y reconnaît plus rien...

BERLINGUETTE.

Mais p'tite bête qu'y m' dit, c'est pour faire danser les meubles.

Air *Je ne veux pas qu'on me prenne*

Il s'moquait d'moi, je suppose.
Ou bien faut qu' monsieur soit fou,
Sacristi ! la drôl' de chose,
Fair' danser de l'acajou !
Bien sûr, c'est une manie ;
Quant à moi, je n' puis l'nier,
Je n'ai jamais dans ma vie
Fait danser qu' l'ans' du panier.

SCÈNE II.

LES MÊMES, EDMOND, LABAUME.

LABAUME, *hors de vue*.

Va te faire lanlaire... tu m'ennuies... tu me troubles dans mes expériences... tu me fais user inutilement mon fluide... (*Il paraît en caleçon, robe de chambre, un petit guéridon sous le bras*).

BERLINGUETTE.

Tiens le v'là qui commence à brailler.

EDMOND.

Mais vous m'aviez promis...

LABAUME.

J'ai fait une promesse, c'est possible !... mais comme je n'ai qu'une parole... je la reprends... il ne sera pas question de ce mariage avant la parfaite réussite de mes expérimentations... Faites-y attention et pas de réflexions (*Il rentre, la porte se referme*).

EDMOND.

Quelle abomination !

POTET, *tranquillement*.

Quel est donc le sujet de votre discussion !

LABAUME, *revenant*.

Encore une observation... as-tu lu la *Gazette d'Augsbourg* ?

EDMOND.

Non... mon oncle...

LABAUME.

Tu n'as pas lu... Il n'a pas lu la *Gazette d'Augsbourg* !.. Que voulez-vous qu'on dise à un animal qui n'a pas lu la *Gazette d'Augsbourg* ?

EDMOND.

Enfin, pourquoi ?

LABAUME.

Si tu avais lu la *Gazette d'Augsbourg*, jeune idiot...

EDMOND.

Ah ! mais, mon oncle !...

LABAUME, *criant*.

Jeune idiot !... je maintiens mon dire... j'ai le droit de te qualifier ainsi... tu es mon neveu, je suis ton oncle... tu as besoin de moi et je n'ai pas besoin de toi,.. et je sais que tu supporteras tout sans te plaindre... sans quoi... je n'aurais peut-être pas la franchise de te dire... si tu avais lu la *Gazette d'Augsbourg*, jeune serin... j'adoucis l'expression, tu dois m'en savoir gré... si tu avais lu la *Gazette d'Augsbourg*, tu saurais que l'Allemagne vient de faire une découverte qui recule au-delà du possible les limites du magnétisme animal... qu'au moyen de l'imposition des quatre doigts et le pouce... un homme... que dis-je ! deux hommes... ou trois ou neuf... je ne sais pas au juste, le nombre n'y fait rien... peuvent... par la seule volonté... et même qu'on prétend que les chapeaux... sans parler de tant d'autres objets... mais quand je m'exténuerais à lui expliquer... il n'a pas lu la *Gazette d'Augsbourg !*... mais va donc lire la *Gazette d'Augsbourg*... animal !... (*Il reprend son guéridon sous son bras et sort furieux*).

                        EDMOND.
Eh bien ! vous l'entendez ! mon vieux... Je ne sais si je dois dire... crétin...

                        POTET, *il quitte son chapeau.*
Oh ! allez donc... allez donc... ne vous gênez pas, je vous aiderai...

                        ENSEMBLE.
Votre
Mon   vieux crétin d'oncle !

                        EDMOND, *continuant*.
Après avoir fixé lui-même les conditions et le jour de mon mariage avec Célestine, ne veut plus en entendre parler...

                        BERLINGUETTE.
Et à cause?..

                        EDMOND.
A cause?... à cause de la folie qui lui tourne la tête !

                        BERLINGUETTE.
Ah ! voui ! connu...

                        POTET.
Vous avez donc la prétention de vous croire la seule victime de la toquade de ce vieux physicien ?

                        EDMOND.
Comment !

                        POTET.
Demandez à Berlinguette... v'là deux jours qu'il nous fait tourner en bourriques, monsieur...

                        BERLINGUETTE.
Eh bien ! Potet !... Fais donc attention à ce que tu dis...

                        POTET.
Quoi donc ?

                        BERLINGUETTE.
Bourrique monsieur.

                        POTET, *comprenant*
Ah !... oh ! c'est bien sans intention, j'ai dit ça tout naturellement... comme je le pense,.. Enfin... ce n'était pas la peine de m'interrompre pour ça... où en étais-je? Ah ! en bourrique Monsieur... Il me fait

rester des heures entières les mains sur un chapeau..., que j'en prends des douleurs à me démonter les bras, des bâillements à me décrocher la mâchoire...

EDMOND.

Mais dans quel but?

POTET.

Voilà... on n'a jamais pu savoir...

EDMOND.

Qu'est-ce qui lui a fourré ça dans la tête.

BERLINGUETTE.

Pardine!... ses journaux... ceux qu'il reçoit d'Allemagne surtout... la *Gazette d'au rebours*, comme il dit... Il n'en dort pas, quoi! (*On entend fredonner. — Ritournelle*).

POTET.

Quel est ce timbre?

BERLINGUETTE.

Eh! mais c'est la voix de M. Anténor... le voyageur de la maison.

ANTÉNOR, *en dehors*.

Eh bien! personne au magasin!... Tout le monde est donc mort! (*Il entre.*)

SCÈNE III.

LES MÊMES, ANTÉNOR.

ANTÉNOR.

Air de *l'Éclair*.

J'arrive (bis)
Et la locomotive
Sur les rails du chemin de fer
Nous a menés un train d'enfer, } bis.
Toujours de bonne humeur
Voilà vot' serviteur
Le commis voyageur.

ANTÉNOR.

Comment ça va, mes petits enfants?... — Pas mal, merci, comme vous voyez... — Couvrez-vous donc, je vous en prie.

POTET, *froidement*.

Voilà un homme gai... un boute-en-train qu'on appelle...

BERLINGUETTE.

Bonjour M. Anténor!

ANTÉNOR.

Bonjour Berlinguette!... Eh bien! et le baiser de l'amitié?... Nous perdons les bonnes habitudes... (*Il l'embrasse.*)

POTET, *à part*.

Je pourrais être jaloux, mais je crois que ce serait inutile...

ANTÉNOR.

Et ce brave Edmond... Tu vas bien, mon pauv' vieux?... Comment gouvernons-nous les amours?

EDMOND.

Ah! ne m'en parle pas... Juste au moment où tu arrivais... j'exhalais mes plaintes contre mon oncle qui retarde indéfiniment notre mariage.

ANTÉNOR.

Et la raison?

POTET, *froidement.*

Il pavillonne !

ANTÉNOR.

Hein?

POTET.

Il pavillonne !

EDMOND.

Je ne sais quelle folie magnétique s'est emparée de lui.

BEGLINGUETTE.

Ses tables et ses chapeaux ne lui sortent pas de la tête.

ANTÉNOR.

Bah ! c'est déjà arrivé jusqu'ici?

EDMOND.

Eh quoi !... connaîtrais-tu ?...

ANTÉNOR.

Belle question !.... J'arrive de Munich ; l'Allemagne entière est révolutionnée par cette nouvelle découverte... C'est une danse universelle... une ronde générale...

AIR : *Mazurka de M. Cherblanc, ou final du Monsieur qui suit les femmes.*

Oui, maintenant, tout tourne, tourne,
C'est partout l'immuable loi ;
De quel côté qu'on se retourne
On voit tout tourner avec soi.
Ah ! l'ombre de Galilée
De bonheur doit tressaillir ;
La vérité révélée
Comme l'éclair va jaillir.
Il prétendait que le monde
Tournait seul dans le chaos ;
Mais maintenant à la ronde,
Chacun tourne à tout propos,
Meubles, buffets en cadence,
Objets de bois, de métal,
Oui, tout se livre à la danse,
Quel quadrille original !
Après les chapeaux, les têtes
Vont tourner à tous les vents,
Sans compter les girouettes
Qui tournent depuis longtemps.
    Usage que j'adore,
    Si ce rôle de ton-ton
    Dure longtemps encore,
    La France à Charenton
    Dansera le grand rond ;
    Mes amis, tournons donc,
Tournons toujours, tournons encore...

POTET.

Ce n'est pas possible, Môsieur Anténor, vous avez vu ça?

ANTÉNOR.

Oui, Môsieur Potet.

POTET.

Ce n'est pas une balançoire ?

ANTÉNOR.

En aucune façon !

POTET.

Voyons donc, voyons donc... ne nous décourageons pas. (*Il retourne à son chapeau*).

ANTÉNOR.

Et vous dites que le papa Labaume est entiché de ces idées-là ?

EDMOND.

Au point de ne pas vouloir entendre parler mariage avant la réussite de ces expériences.

ANTÉNOR.

Ah ! ah ! et la petite cousine, qu'est-ce qu'elle dit de cela ?...

BERLINGUETTE.

Elle enrage et se désespère.

EDMOND.

Et pas moyen de nous voir, de nous concerter, de nous entendre...

BERLINGUETTE.

Elle est sous la surveillance immédiate de la tante Phémie...

POTET.

Qu'est aussi toquée que le bourgeois.

BERLINGUETTE.

Et qui ne quitte pas Mademoiselle d'une minute... sous prétexte de l'aider à faire tourner les meubles, les chapeaux, les casseroles, les pots... à l'eau... ; elle essaie sur tout, quoi !

ANTÉNOR.

Ah ! la vieille demoiselle veut en goûter aussi ?

BERLINGUETTE.

Ajoutez à cela que, jalouse de voir Mademoiselle sur le point de se marier... elle qui n'a jamais pu trouver de prétendu... elle est enchantée d'encourager Monsieur à reculer le mariage...

POTET, *toujours à son chapeau*.

Ça ne vient pas... je n'appuie peut-être pas assez...

ANTÉNOR.

Eh bien ! sois tranquille..., je te réponds de tout... ; j'arrive à point pour te venir en aide.

EDMOND.

Comment ?

ANTÉNOR.

Ce soir, le père Labaume sera au comble de ses vœux..., et demain nous fixerons le jour de la noce...

EDMOND.

Eh quoi !... tu espères !...

ANTÉNOR.

Faire réussir les expériences de ton oncle, celles de la tante Phémie, celles de Potet, de Berlinguette... ; avant ce soir, tout tournera dans la maison... ; c'est moi qui m'en charge.

POTET, *en se levant, s'appuie sur le chapeau et l'écrase.*
Pas possible... tiens!... il tournera peut-être mieux comme ça ?....
ANTÉNOR.
Berlinguette, Potet ?... je puis compter sur vous ?
BERLINGUETTE.
Des pieds à la tête.
ANTÉNOR.
Je n'en demande pas davantage.
POTET.
A la vie à la mort !
ANTÉNOR.
Ça n'en viendra pas là !
EUPHÉMIE, *en dehors.*
Viens donc, Célestine, viens donc, nous allons essayer au salon....
BERLINGUETTE.
V'là vot' tante... Mlle Célestine est avec elle...
ANTÉNOR.
Attention... je vais l'envoyer prendre l'air et te ménager un entretien avec la petite cousine.

SCÈNE IV.

LES MÊMES, EUPHÉMIE, CÉLESTINE.

EUPHÉMIE *mise en jeune fille.*
Mais, arrive donc, petite... Ah ! du monde... (*sévèrement*), M. Edmond!... (*gracieuse*), M. Anténor!... (*à part*), j'ai toujours eu un faible pour ce jeune homme...
ANTÉNOR.
Mademoiselle... mesdemoiselles, permettez-moi de vous présenter mes hommages... (*Il baise la main d'Euphémie.*) (*Bas à Edmond.*) Diras-tu qu'on ne se dévoue pas pour les amis ?...
EUPHÉMIE.
Et depuis quand de retour, M. Anténor ?
ANTÉNOR.
Il y a à peine une heure, Mademoiselle.
EUPHÉMIE.
Et vous venez ?
ANTÉNOR.
D'Allemagne.
EUPHÉMIE.
Vraiment... Mais, alors vous avez sans doute entendu parler...
ANTÉNOR.
De la danse des tables ?... c'est la fureur du jour...
EUPHÉMIE.
Est-il possible ! c'est donc bien vrai ? (*Elle continue à causer bas.*)
CÉLESTINE.
Encore un de plus dans la maison possédé de cette folie !
BERLINGUETTE, *bas.*
Ne vous en plaignez pas, Mademoiselle, il manigance quelque chose dans votre intérêt.

ANTÉNOR.

J'ai fait tourner une foule de choses..... il n'y a que les têtes, hélas ! sur lesquelles je n'ai pas encore cette influence.

EUPHÉMIE, à part.

C'est pour moi qu'il dit cela.... Oh ! il est charmant !

POTET, bas à Edmond.

Comme il empaume la vieille ! hein ?

EUPHÉMIE.

Vraiment !... vous avez vu....

ANTÉNOR.

J'ai été témoin d'une foule de merveilles...

EUPHÉMIE, triomphante.

Vous l'entendez !...

ANTÉNOR.

Et dans mainte occasion, je me suis trouvé, non pas seulement spectateur, mais expérimentateur....

POTET.

Oh ! menteateur !.. menteur !

ANTÉNOR.

Qu'est-ce que c'est ?

EUPHÉMIE.

Impertinent valet !... sortez, Potet ! sortez Berlinguette !

BERLINGUETTE.

Mais, Mademoiselle...

EUPHÉMIE.

Vaquez.... vaquez, vaquez aux soins du logis.

BERLINGUETTE.

As-tu fini, faiseuse d'embarras !

POTET, au public.

Voulez-vous que je vous dise ?... Elle me fait suer.

TOUS.

AIR : *Topinambour.*

Allons { sortez / sortons } sans raisonner

Allez / Allons } préparer le dîner
(à part.) Qu'elle n'aille pas deviner
  Que l'on conspire,
  Traiter le lien conjugal
  Par le magnétisme animal,
  C'est vraiment fort original,
    Il faut en rire !

EUPHÉMIE.

Allons, sortez sans raisonner,
Allez préparer le dîner
(à part.) Ah ! qu'il n'aille pas deviner
  Que je soupire.
  Ah ! s'il pouvait guérir mon mal
  Par le magnétisme animal,
  Ce serait fort original,
    Il faut le dire !

(*Potet sort ainsi que Berlinguette.*)

SCÈNE V.

EDMOND, CÉLESTINE, ANTÉNOR, EUPHÉMIE.

EUPHÉMIE, *à Anténor.*

Ainsi, mon cher M. Anténor, vous espérez donc pouvoir...

ANTÉNOR.

Vous faire tourner ?... Mais, j'y compte bien, parlasambleu !

EUPHÉMIE.

Moi-même ?...

ANTÉNOR.

Vous-même..... c'est un peu fort !... Je pourrais même, au besoin, vous enlever au bout de mon index.

EUPHÉMIE.

Oh ! enlevez-moi ! enlevez-moi !

ANTÉNOR.

Tout de suite, comme ça ?.... (*A part.*) Voyez-vous, la vieille curieuse ?

EDMOND *à Célestine, au fond à gauche.*

Mais il faut prendre un parti.... parler vous-même à votre père,...

EUPHÉMIE *voyant Célestine parler à Edmond.*

Célestine, venez ici, ma nièce, ne me quittez pas... c'est l'ordre de mon frère !

CÉLESTINE.

Voilà ma tante !... Quel ennui !

EUPHÉMIE, *à Anténor.*

Eh bien !

ANTÉNOR.

Eh bien !... il faudrait préalablement vous préparer au dégagement du fluide, et pour cela... (*trouvant son idée.*) Eh ! tenez ! cela se trouve on ne peut mieux... il faut aller au jardin, et rester une vingtaine de minutes à l'ombre du feuillage d'un tournesol.

EUPHÉMIE.

D'un tournesol ?

ANTÉNOR.

Vous comprenez... cette plante renferme une grande quantité de fluide... tournant.... et l'action du soleil.... à l'ombre duquel.... Je parle de la plante... vous absorbez les courants magnétiques,... échauffés par le soleil... dont les rayons... je parle de l'astre... enfin vous le sentirez bien !...

EUPHÉMIE.

Je comprends... et je vole ! (*Elle sort en sautillant ; arrivée au fond, Anténor la fait tourner.*) Tenez !... Je tourne déjà ! quel bonheur !

SCÈNE VI.

EDMOND, ANTÉNOR, CÉLESTINE.

ANTÉNOR.

Vieille toquée ! si ça ne la rend pas folle tout-à-fait, elle aura du bonheur. Enlevé !... voilà comme on ménage un tête-à-tête aux amoureux !...

EDMOND.

Oh ! merci, mon ami !...

ANTÉNOR.

Tu me remercieras plus tard... employez donc le temps mieux que ça... vous devez avoir tant de choses à vous dire...

CÉLESTINE.

Mais pour nous concerter et nous entendre, il faut d'abord connaitre vos projets.

ANTÉNOR.

Primo, j'annule la surveillance de la tante, en la faisant tourner... jusqu'à extinction ; ensuite, je la rends favorable au mariage en lui faisant la cour... en v'là de l'ouvrage ! puis votre hymen décidé... je profite du mouvement général et je lui tourne... le dos.

EDMOND.

A merveille !... Mais, mon oncle...

ANTÉNOR.

Ton oncle...

LABAUNE, *en dehors.*

Potet ! Berlinguette !

ANTÉNOR.

Aie !... pincé !

SCÈNE VII.

Les Mêmes, LABAUME, *chargé de cinq petits guéridons.*

CÉLESTINE, *s'éloignant d'Edmond.*

Mon père !...

EDMOND.

Mon oncle !...

ANTÉNOR.

Cela va bien, patron ?

LABAUME.

Qu'est-ce que je vois là ?... ma fille et Edmond... seuls.

ANTÉNOR.

Eh bien ? et moi ?

LABAUME.

Comment, toi ici, Anténor ? tu ne m'avais pas annoncé ton arrivée... M'expliquerez-vous, Mademoiselle ?...

ANTÉNOR.

C'est que... finissant ma tournée par l'Allemagne...

LABAUME.

L'Allemagne !

ANTÉNOR.

Si vous voulez passer dans votre cabinet, nous allons causer des affaires de la maison...

LABAUME.

Les affaires attendront... tu viens d'Allemagne et tu as entendu parler sans doute... de... (*Montrant ses guéridons*) Hein? (*Il tourne.*)

ANTÉNOR.

Ah! la danse des tables!...

LABAUME.

C'est donc bien vrai?

ANTÉNOR.

Si c'est vrai... vous plaisantez sans doute; nierez-vous l'existence du soleil?

LABAUME, *joyeux*.

Ah! je le disais bien!.. il faut que je t'embrasse... (*Les tables le gênent.*) Débarrassez-moi donc de cela, vous autres. (*Edmond et Célestine obéissent et placent les petits guéridons au fond à droite et à gauche.*)

ANTÉNOR.

Permettez donc, patron... (*Il prend un guéridon et le place à droite.*)

LABAUME.

Ainsi, mon cher Anténor, tu pourras donc nous guider, nous aider dans nos expériences...

ANTÉNOR.

Avec plaisir.

LABAUME.

Il est bon de te dire que je donne aujourd'hui une grande soirée à cet effet... J'ai convoqué quelques amis... A propos, Célestine...

CÉLESTINE, *qui causait avec Edmond*.

Mon père.

LABAUME.

Encore M. Edmond... Je vous avais pourtant dit...

ANTÉNOR, *l'interrompt en le faisant tourner*.

Vous disiez donc, patron?...

LABAUME.

Qu'est-ce que je disais donc?... Ah! ma fille, vous avez envoyé toutes nos lettres d'invitation?

CÉLESTINE.

Oui, mon père... Il ne m'en reste qu'une...

LABAUME.

Donnez-la moi... (*A Anténor.*) Tu vas voir: (*Lisant.*) « M. Labaume, « vous invite à passer la soirée chez lui, le 21 mai 1853. »
P. S. « On fera danser les tables. »

ANTÉNOR.

C'est bien cela!... la formule à la mode.

LABAUME.

Ah! je suis impatient d'être à ce soir... Et tu dis donc que chez nos voisins les allemands...

ANTÉNOR.
C'est une rage, une fureur dans les meilleures sociétés.

Air : *Change, change-moi, Brama.*

Tourne, tourne donc, c'est le refrain
De l'Allemagne,
Et ce doux refrain,
J'en suis certain,
Chaque jour gagne
Bien du terrain.

Les petits et les grands,
Les papas, les mamans,
Jusqu'aux petits enfants
Bien innocents
Se tiennent par la main,
Et la table soudain
Semble se mettre en train
A ce refrain :
Tourne, tourne donc....

(*Les deux amoureux causent à voix basse et à chaque refrain Anténor fait retourner Labaume qui ne peut les voir.*)

Mais ce n'est rien encor,
De plus fort en plus fort,
Cédant avec transport
A votre effort,
La table, bien souvent
Se balance et gaîment
Pince très-gentiment
Son p'tit cancan.
Tourne, tourne donc...

Puis, sans en rester là,
Elle vous répondra
Et même chantera
Do, ré, si, la,
Pour ma part je le crois,
N'entend-on pas par fois,
Chez nos chanteurs de choix
Des voix
De bois!

LABAUME.
C'est parfaitement juste !

ANTÉNOR, *à part.*
Pas toujours. (*Continuant.*)

Tourne, tourne donc, c'est le refrain
De l'Allemagne,
Et ce doux refrain,
J'en suis certain,
Chaque jour gagne
Bien du terrain.

LABAUME, *à Edmond et à Célestine.*
Vous l'entendez, jeunes incrédules!.. Je ne le lui fais pas dire !

ANTÉNOR, *à part.*
Mordu, le père noble! (*Il lui fait la nique, Labaume se retourne, Anténor pirouette.*)

LABAUME, *avec admiration.*

Il en tourne lui-même !..

ANTÉNOR.

Tenez, voulez-vous essayer tout de suite... à nous deux ?...

LABAUME.

A nous deux, seulement...?

ANTÉNOR.

Oh ! j'ai tant de fluide !

LABAUME, *riant.*

Eh bien... ça va ! oui ton-ton... oui ton-ton !

ANTÉNOR.

Venez ici, patron... (*Il le fait venir à droite et le place debout tournant le dos aux amoureux.*) Placez-vous comme ça... les mains étendues... vos petits doigts sur les miens...

LABAUME.

Tu me chatouilles...

ANTÉNOR.

Et recueillez-vous... ferme...

LABAUME, *se retournant.*

Viens donc voir, Célestine.

ANTÉNOR.

Ah ! si vous vous occupez d'autre chose ça n'ira pas... il ne faut penser qu'à cela... et de la conviction surtout.

LABAUME.

Oh ! j'en ai... Anténor... j'en ai... j'en suis plein !

ANTÉNOR.

Et vous autres, éloignez-vous, s'il vous plaît, ne vous occupez pas de nous... ça dérangerait le fluide... On vous appellera...

LABAUME.

Mais...

ANTÉNOR.

Chut !.. il ne faut pas parler, vous retarderiez l'opération...

LABAUME.

Je suis muet, sourd et immobile !

ANTÉNOR.

C'est ce qu'il nous faut ! (*A part.*) Allez là bas !

LABAUME.

Hein ?

ANTÉNOR.

Rien !.. c'est à la table que je parle...

EDMOND.

Célestine, vous savez si je souffre de ce retard, et vous-même ne m'avez-vous pas dit ?..

CÉLESTINE.

C'est vrai... mais...

EDMOND.

Vous m'aimez, vous n'avez pas craint de me l'avouer.

CÉLESTINE.

J'en conviens, Edmond... mais, mon père...

EDMOND.

Eh bien ! essayez de le fléchir... parlez-lui... ne craignez pas de lui rappeler ses promesses... de lui faire même quelques reproches.

CÉLESTINE.

Oui, j'essaierai...

EDMOND.

Ce mariage n'est-il pas toujours votre plus cher désir?

CÉLESTINE.

Si, mon ami,

EDMOND.

Vous me promettez donc que bientôt?...

CÉLESTINE.

Oui, je vous le jure.

EDMOND.

O bonheur! (Il l'embrasse.)

LABAUME, *entendant le bruit.*

Hein ?

ANTÉNOR.

Rien... rien... ce sont les petits craquements qui commencent...

EDMOND.

C'est bien convenu ?

CÉLESTINE.

Bien convenu.

ANTÉNOR, *à part.*

Je crois qu'ils sont d'accord, là-bas!

LABAUME.

Sacristi !... c'est fatigant !...

ANTÉNOR, *criant.*

Ah !... maladroit... je ne m'étais pas aperçu... j'ai gardé mes gants... nous serions bien restés là six semaines... pour le roi de Prusse.

LABAUME, *restant posé.*

Ça ne va donc pas?...

ANTÉNOR, *à part.*

Il tient bon, le viel acharné... en v'là un métier !... j'ai les reins sans connaissance (*haut*), vous pouvez vous dispenser de continuer, c'est fait, pour ce matin... nous recommencerons ce soir.

LABAUME.

Ah ! c'est dommage !... il me semblait déjà sentir une espèce de rotation...

ANTÉNOR.

De votre côté, c'est possible... mais je paralysais votre fluide... je vous annihilais, n'est-ce pas, Edmond ?

EDMOND.

Sans doute !...

LABAUME.

Sans doute... est-ce qu'il y entend quelque chose !...

ANTÉNOR.

Lui !... je suis sûr que le gaillard doit avoir un fluide... première qualité.

LABAUME.

Edmond ?

ANTÉNOR.

J'en réponds !

LABAUME.

Eh bien ! qu'il en use donc.

ANTÉNOR.

C'est tout ce qu'il demande.

LABAUME.

Si cela est, je reviens sur ma parole ; nous reparlerons mariage.

ANTÉNOR, à part.

Allons donc, il y vient de lui-même...

LABAUME.

A ce soir donc, mon cher Anténor, à ce soir nos épreuves décisives.

ANTÉNOR.

Vous serez content, patron...

LABAUME.

Je sors pour voir quelques-uns de nos invités.... Rentrez dans votre chambre, ma fille, et n'en sortez pas en mon absence... vous m'entendez ?...

CÉLESTINE.

Oui, mon père....

ENSEMBLE.

Air *des Blooméristes.*

A ce soir donc, bonne espérance
Je m'arrangerai / Il s'arrangera pour le mieux.
Du succès { Je réponds / Il répond } d'avance ;
Tout tournera selon mes / ses / vos vœux !

(*Labaume sort par le fond, Célestine par la droite.*)

SCÈNE VIII.

EDMOND, ANTÉNOR.

ANTÉNOR.

Eh bien ! qu'en dis-tu ?... j'espère que ça marche un peu crânement à toute vapeur ! Grande vitesse... teuf ! teuf ! teuf ! teuf !... hope ! hop ! gare là !

EDMOND.

A merveille, en effet... c'est affaire à toi !

ANTÉNOR.

Comprends-tu... l'arrangement de la chose ?.. je prouve au vieux toqué que tu es le plus beau fluide de la compagnie... comme le lièvre ou l'âne savant qui désigne le plus amoureux de la société, et... tu comprends le reste !

EDMOND.

Ah ! le ciel t'entende !

ANTÉNOR.

Or... maintenant ne perdons pas une minute... il s'agit de dresser mes batteries... fais-moi le plaisir de sonner Berlinguette et Potet.

EDMOND.

Tu as besoin d'eux ?

ANTÉNOR.

Et de toi aussi... Chaud ! chaud ! dépêchons !.... (*Edmond sonne.*)

POTET, *en dehors.*

Voilà !... Monsieur, voilà... nous tournons !...

EDMOND.

Comment ! cet animal-là s'en mêle aussi ?

ANTÉNOR.

Pourquoi donc pas ?... c'est un droit qu'on ne peut contester à personne... pas même aux toupies.

SCÈNE IX.

LES MÊMES, POTET, BERLINGUETTE.

POTET *entre en faisant tourner Berlinguette dont il tient les deux mains, étant tous deux face à face, les pieds très-rapprochés et le corps en arrière.*

Voyez donc, M. Anténor... je fais tourner Berlinguette.... malgré elle...

ANTÉNOR, *riant.*

Ah ! elle est bonne... je n'aurais pas trouvé celle-là !...

BERLINGUETTE.

Assez !... assez !... assez !... (*le bousculant*), mais finis donc, imbécille !... a-t-on jamais vu... ah ! ah !... je suis comme si j'avais bu un coup !

POTET.

Oh ! oh !... calons-la ; es-tu calée ? (*il la pousse dans un fauteuil*). Tiens, mets-toi sur ton.... aplomb... hein ! comme ça obéit.... quel fluide !...

ANTÉNOR.

Laisse-là ton fluide et tâche de me comprendre tout simplement,... une plume, du papier, de l'encre...

POTET.

A votre droite, derrière le paravent,... sur une table...

EDMOND.

Que vas-tu faire ?

ANTÉNOR.

Écrire à un de mes amis, artiste au Théâtre, et qui nous sera d'un grand secours... (*Il écrit.*)

BERLINGUETTE.

C'est vrai que j'étais toute étourdie... avec son moulinet...

POTET.

Lève-toi...

BERLINGUETTE *se lève sans paraître l'entendre.*

Ah ! v'là que ça se calme... me v'là solide...

POTET.

Voyez !... à la parole... elle fait tout comme ça..., la force de la volonté !...

ANTÉNOR.

Potet !...

POTET, *à part.*

La force de la volonté !... je ne veux pas entendre qu'on m'appelle...

ANTÉNOR, *criant.*

Potet ?... est-ce qu'il se moque de moi, cet animal là... Potet ?... (*il lui donne un coup de pied.*)

POTET.

J'ai senti... mais je n'ai pas entendu..., Monsieur.

ANTÉNOR.

Ah ! c'est bien heureux... Dis-moi, tu connais le théâtre ?...

POTET.

Ah ! Monsieur !... c'te question... j'y vas presque tous les soirs... à la porte, attendre M....

ANTÉNOR.

Tu vas te rendre chez le concierge avec Edmond et Berlinguette... tu feras remettre cette lettre à son adresse, et on t'expliquera ce que vous aurez à faire...

POTET.

Je ne comprends pas...

ANTÉNOR.

Tu n'as pas besoin de comprendre... On vous remettra sans doute quelque chose qu'il faudra m'apporter ici... dans ce salon, sans être aperçu de personne...

BERLINGUETTE.

C'est ben facile.... par le petit escalier du belvédère..., il y a une porte qui donne là derrière le paravent... (*Edmond va fermer le paravent de manière à masquer complètement au public la porte par laquelle entre, sans être vu, le guéridon dansant*).

ANTÉNOR.

Très-bien...

POTET.

Et puis... avec la force de la volonté...

ANTÉNOR.

Eh bien !... ma volonté est que tu te dépêches, ou sinon... (*Il lève le pied*).

POTET, *se reculant.*

La mienne aussi, Monsieur, la mienne aussi... il y a sympathie !...

SCÈNE X.

LES MÊMES, EUPHÉMIE. *avec un affreux coup de soleil.*

EUPHÉMIE, *s'éventant.*

Ah ! quelle chaleur !... mon Dieu !...

ANTÉNOR, à part.

La tante!... aïe.... (aux autres), pas un mot.... cachez la lettre et filez vite.

EUPHÉMIE.

Ah!... M. Anténor... je n'en puis plus... trente-cinq minutes à la même place... je grille...

ANTÉNOR, à part.

Quel polisson de coup de soleil... excusez. (Tous rient sous cape).

EUPHÉMIE.

Ah! comme je dois avoir du fluide.

ANTÉNOR.

Énormément... (aux autres) Partez donc et sortez en tournant.

POTET ET BERLINGUETTE.

Hein?...

ANTÉNOR.

Fais ce que je te dis... (Il lève le pied).

POTET.

Je le veux bien...

(Anténor leur lance du fluide).

Air : Valse des Farfadets.

POTET et BERLINGUETTE.

O transport, ô bonheur !
O moment enchanteur,
J'envierais sur l'honneur
Le sort d'un derviche tourneur.

(Ils sortent en valsant, Edmond les suit).

SCÈNE XI.

EUPHÉMIE, ANTÉNOR.

EUPHÉMIE, étonnée.

Pourquoi tournent-ils ainsi?...

ANTÉNOR.

Vous l'avez vu... ils sont sous l'influence de ma volonté... c'est la force de mon fluide...

EUPHÉMIE.

Oh!... je dois en avoir beaucoup aussi, M. Anténor... faisons tourner quelque chose ensemble...

ANTÉNOR, à part.

Encore un cauchemar dont il faut que je me débarrasse.

EUPHÉMIE.

Hein?... voulez-vous... mon ami... (A part). Dieu! que j'ai chaud... je dois être rouge...

ANTÉNOR.

Bien mieux, si vous voulez, je vais vous faire tourner vous-même...

EUPHÉMIE.

Vrai!...

ANTÉNOR.

Parole d'honneur.... (A part.) Je vais l'éreinter comme un vieux cheval pour qu'elle me laisse tranquille...

EUPHÉMIE.

Ah! voyons, voyons.... vite... commençons; j'en grille.... (*A part*) Dieu... que j'ai chaud !...

ANTÉNOR.

Voilà!... voilà! (*Il prend une ficelle et un morceau de craie.*) Mettez votre pied là, sur le bout de ce cordon....

EUPHÉMIE.

Il est magnétisé ?...

ANTÉNOR.

Non.

EUPHÉMIE.

Ah! ça me fait déjà un effet...

ANTÉNOR.

Quelle nature sensitive... là... (*Il trace un grand rond avec la craie sur le plancher.*) Maintenant, je me place au centre de ce cercle...

EUPHÉMIE.

Et moi?...

ANTÉNOR.

Vous?... Courez de toutes vos forces en suivant la ligne tracée..... dans le genre des chevaux, au manège de M. Soullier... ou autres.....

EUPHÉMIE, *courant*.

Ainsi ?...

ANTÉNOR.

Oui... c'est ça... plus fort... plus fort... Eh hop !... Eh hop !... Eh bien! vous voyez... je vous fais tourner sans vous toucher... par la seule force de ma volonté...

EUPHÉMIE.

Ah ! ah !... je n'en puis plus !... (*Elle tombe dans les bras d'Anténor*).

ANTÉNOR.

Eh bien !... Eh bien !... soutenez-vous... je le veux !... ah ! oui, je l'en souhaite... (*à part*). En v'là une mauvaise charge... je n'avais pas prévu celle-là...

SCENE XII.

LES MÊMES, LABAUME, EDMOND, CÉLESTINE, TOUTE LA SOCIÉTÉ.

CHOEUR.

Air : *Gloire au sultan Misapouf!*

Grâce à l'hôte aimable
Et généreux
Qui nous réunit en ces lieux
Du phénomène merveilleux
De la table
Nous allons être les spectateurs,
Au besoin même les acteurs,
Les défenseurs
Contre tous les détracteurs

LABAUME.

Qu'est-ce que je vois là !...

EUPHÉMIE.

Ah! mon frère... Ah! mes amis !... quel fluide !.. Il m'a fait tourner sans me toucher... par la seule force de sa volonté...

LAFAUME.

Mais comme tu es rouge...

EUPHÉMIE.

C'est l'effet du fluide tournesol !...

LAFAUME.

Ça me fait plutôt l'effet d'un coup de sang... Tu n'es pas belle comme ça...

EUPHÉMIE.

Mais quel fluide !

LABAUME.

Mes amis... ne perdons pas de temps... Voici notre cher Anténor qui va nous mettre au courant... en en formant un entre nos individualités... et guidera nos expériences...

EDMOND, *bas à Anténor.*

Tout est prêt comme tu l'as demandé...

UN MONSIEUR, *à faux col, à Anténor.*

Comment, Monsieur... ce n'est donc pas une colle ?

ANTÉNOR.

Une... (*à part*). Ah ! je comprends pourquoi ce Monsieur parle de col, (*Haut*) non *Mossieur* ça n'en est point une... et je puis vous citer divers exemples dont j'ai été témoin...

TOUS.

Ah ! oui... voyons..

ANTÉNOR.

Nous opérions dans un petit village d'Allemagne sur un petit guéridon d'acajou... un curé, deux fabricants de choucroûte, un brasseur et moi.... La tabatière du curé était sur le guéridon... dans sa rotation précipitée, le meuble renverse la tabatière et nous entendons distinctement un *atchi* ... auquel la table répondit sans s'arrêter : *Dieu vous bénisse !*...

TOUS.

Ah ! ah ! c'est merveilleux !...

ANTÉNOR.

Maintenant en Allemagne les servantes ne se donnent plus la peine de tirer de l'eau...quelle que soit la profondeur du puits...une d'entre elles touche la corde du bout de son petit doigt... deux ou trois autres forment la chaîne, et le seau est au bout... qui monte tout seul...

LABAUME.

C'est prodigieux ! et il y a beaucoup de seaux en Allemagne ?

ANTÉNOR.

Pas plus qu'en France ! Plus fort que ça !... sur le chemin de fer de Munich... nous avons formé la chaîne dans un vagon... et nous avons remorqué la locomotive en sens inverse...malgré tous les efforts du chauffeur et du mécanicien...

TOUS.

C'est merveilleux !

LABAUME.

Mais commençons, je vous en prie, j'ai hâte de me convaincre par moi-même... disposons... les guéridons çà et là, que chacun s'accou-

ple, se masse et se groupe pour les ex... ...es du guéridon ou du chapeau. Il y a aussi des bagues et des cl... , choix des personnes.
— La nature m'ayant refusé des cheveux... dimension suffisante...
je les ai remplacés par des mort-à-péch... se place ainsi qu'on
vient de l'indiquer).

ANTÉNOR.

Et nous... opérons sur le grand guérido... développe le paravent
et plusieurs personnes auxquelles se joignen... e, Anténor, Edmond,
Célestine, Euphémie, forment la chaîne aut... table que cachait le
paravent).

(Moment de silence).

ANTÉNOR.

Tableau d'une soirée du grand monde en l'an de grâce 1833.
(Nouveau silence.)
(Musique en sourdine, air : tourne, tourne).

LABAUME.

Est-il permis d'éternuer?...

TOUS.

Chut !... silence !...
(Nouveau silence pendant lequel on entend par moment : ah! ah!...
non !... tantôt à une table, tantôt à une autre).

SCÈNE XIII.

LES MÊMES, BERLINGUETTE.

BERLINGUETTE.

Monsieur... quand faudra-t-il apporter les rafraîchissements et le punch ?... (Sans répondre tout le monde fait signe de la tête à Berlinguette de s'en aller).

BERLINGUETTE.

Ah! que c'est drôle !.. Ils ont l'air de la cour de la Belle au bois dormant... (Encore un silence.)

UN MONSIEUR.

Ah! ah! la v'là qui part !..

UN AUTRE MONSIEUR.

Parbleu, vous la poussez...

LE MONSIEUR.

Monsieur, c'est faux.

L'AUTRE.

Je vous dis que vous la poussez...

LE MONSIEUR.

Monsieur, j'ai de la conviction, et voilà tout...

L'AUTRE.

Est-ce que vous croyez que vous allez me faire poser longtemps comme ça ?

LE MONSIEUR.

Monsieur, je suis un homme honorable, un homme notable... c'est vous qui êtes un sceptique...

L'AUTRE.

Sceptique vous-même... (Il lui donne un soufflet).

LE MONSIEUR.

Vous m'en rendrez raison. (*Ils sortent*).

TOUS.

Hein !...

ANTÉNOR.

Chut !.., laissez... laissez... la controverse est permise... ça s'arrangera autour de la table...

UN VIEUX MONSIEUR A UNE VIEILLE.

Ça ne va plus, ma pauvre vieille ?...

ANTÉNOR.

Attention... la voilà qui part... levez-vous... M. Labaume, je vous parlais ce matin du fluide d'Edmond, vous allez en juger... rompez la chaîne... Eloignez-vous tous... Edmond, reste seul... commande à la table... elle obéira...

EDMOND.

« Table, je t'ordonne de retourner dans la salle voisine en dansant la Polka ! »

ANTÉNOR.

Allez, la musique. (*L'orchestre joue une polka, la table danse en mesure au milieu des cris de l'admiration générale, et s'éloigne par la porte du fond*) (1)

LABAUME.

Ah ! quel prodige !.. êtes-vous convaincus, maintenant !..Edmond.. quel beau fluide, mon ami... ma fille est à toi !

EUPHÉMIE, *les yeux baissés*.

M. Anténor... nos deux fluides...

ANTÉNOR.

Pardon, mademoiselle, la chaîne est rompue... je retourne en Allemagne...

EUPHÉMIE, *à part*.

Paltoquet !.. je n'ai jamais pu sentir ce jeune homme... mais maintenant que je fais tourner un meuble... je ferai bien tourner la tête d'un homme... (*Elle s'avance et fait des passes magnétiques derrière un homme qui se retourne et fait voir une affreuse figure à lunettes vertes.*) Ah !... pas celui-là !... pas celui-là !...

SCÈNE XIV.

LES MÊMES, POTET, *ivre*.

POTET.

Monsieur, monsieur... ça y est... j'ai trouvé le moyen... je fais tout tourner...

LABAUME.

Potet !.. comment, drôle !...

POTET.

La maison tourne... la société tourne, vous tournez, monsieur... nous tournons tous !...

(1) Cette table est portée par un enfant caché dans le pied, et dont la tête est dissimulée dans une corbeille de fleurs posée sur la table. Le tout est en toile et en bois très-léger.

LABAUME.

Eh quoi !... dans un pareil état !...

POTET.

C'est vous qui me l'avez commandé, monsieur. (*On le pousse, il va en tournant jusqu'à Berlinguette*).

LABAUME.

Berlinguette, servez le punch !

POTET.

Le punch !.. il n'y en a plus, Monsieur, il a tourné.. il est volali.. volita... vola... tili... sé ! ça y est !

LABAUME.

Et c'est toi, coquin ?...

ANTÉNOR.

Remplacez-le par de l'eau sucrée avec de la fleur d'oranger, ça calme... et vous en avez besoin...

CHOEUR.

Grâce à l'hôte aimable
Et généreux
Qui nous réunit en ces lieux,
Du phénomène merveilleux
De la table
Nous avons été les spectateurs,
Nous serons toujours les vengeurs,
Les défenseurs
Contre tous les détracteurs.

ANTÉNOR, *au public.*

AIR : *De la haine d'une femme.*

Convenez-en, un phénomène
Si comique dans ses effets,
Du vaudeville est le domaine ;
Il semble créé tout exprès.
Dans cette bluette légère,
Nous respectons, sachez-le bien,
Ou doute, ou croyance sincère ;
Car juger n'est pas notre affaire ;
Admettre tout, ne heurter rien, } bis.
De plaire à tous c'est le moyen. }

LABAUME (1).

Quand viendra mon TOUR, avec peine
J' m'en r'TOURnerai, je le dis sans déTOUR ;
Car chacun d' vous, sur cette scène,
A TOUR de bras m'applaudit TOUR à TOUR.
Je r'TOURne l'usage ordinaire
Pour cette pièce... et c'est à votre TOUR
De la juger en instance première ;
Aussi, m' TOUrnant vers le parterre,
Vers les loges, vers le pourTOUR,
Je vous dirai, pas d' méchant TOUR,
Nous vous avons montré le TOUR,
Applaudissez-nous sans déTOUR.

(1) Ce couplet, fait pour M. Grassot, peut être supprimé

LYON. — IMPRIMERIE D'AIMÉ VINGTRINIER, QUAI SAINT-ANTOINE, 36.

www.ingramcontent.com/pod-product-compliance
Lightning Source LLC
Chambersburg PA
CBHW070458080426
42451CB00025B/2784